PRINCIPES

QUI DOIVENT SERVIR DE BASE

A UNE

BONNE CONSTITUTION.

PAR M. LOEULLIET, Avocat.

Se trouve A PARIS,

Chez LE TELLIER, Libraire, quai des Augustins

M. DCC. LXXXIX.

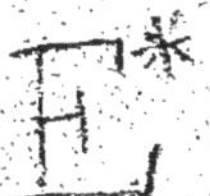

PRINCIPES

QUI DOIVENT SERVIR DE BASE

A UNE

BONNE CONSTITUTION.

Je mettois la dernière main à la seconde partie d'un ouvrage, dans lequel je considère le droit romain et françois sous leurs rapports essentiels, lorsqu'il me tomba sous la main plusieurs brochures, dont les auteurs, séduits par la fécondité d'un principe isolé, sacrifient à l'esprit de système l'ensemble des principes constitutifs. Quoique frappé d'un si grand désordre, je n'ai pu m'empêcher de regarder ces productions comme des tributs généreux offerts à la patrie ; et enflammé du même zèle, j'ai cru ne pouvoir pas, dans la circonstance actuelle, lui rendre un hommage plus digne d'un citoyen, qu'en lui communiquant le résultat de mes pensées.

Les lois privées ne sont que des actes ordinaires dirigés vers l'intérêt commun, par la puissance ordonnatrice de la société ; leurs effets font juger de la convenance des principes constitutifs d'un état : ainsi ce n'est point dans la simple contemplation des causes primitives du bonheur et de la tranquillité du peuple ; c'est en abaissant nos regards jusqu'aux moindres institutions civiles, que nous parviendrons à trouver une bonne constitution. En suivant cette marche, nous irons au but d'un pas assuré ; et aussi convaincus que persuadés, nous nous laisserons entraîner par des principes que notre intérêt nous forcera d'admettre, et par leurs conséquences naturelles.

L'immortel auteur de l'Esprit des lois nous a ouvert la carrière ; il a apperçu les vrais principes généraux des sociétés, mais il n'est point descendu, si l'on peut s'exprimer ainsi, jusqu'au détail des lois. Son génie actif étoit assez occupé par les grandes vues qu'il avoit à remplir. Il nous a montré la route, nous n'avons plus qu'à la suivre. Ne nous dissimulons point cependant les difficultés qu'il nous a laissées à vaincre. Il nous a dit que les lois, pour être parfaites, doivent être relatives à la nature et au principe du gouvernement. En est-ce assez pour nous guider au milieu de toutes les combinaisons des intérêts d'un grand peuple, que les changemens de situation ont, dans la succession des temps, variées à l'infini ? Il ne nous fait point connoître les préjugés sans nombre que les abus ont mis à la place des lois générales ; comment pourrons-nous les discerner dans cette immensité de lois dont on a chargé notre code ? Ne nous affligeons point ; nous avons un modèle de législation, que sept siècles de liberté ont perfectionné, et que le despotisme n'a pu entièrement déformer. Nous pouvons réparer les injures qu'il lui a faites, en le rétablissant dans son premier état. Nous aurons alors un point de comparaison d'autant plus précieux, que les lois de la république romaine, qu'il ne faut point confondre avec les lois impériales, ont rendu les Romains le peuple le plus puissant de l'univers, et qu'elles conservent encore sur presque toutes les nations de l'Europe, l'ascendant qu'elles ont acquis par leur sagesse. Est-il des monumens plus intéressans pour la curiosité humaine, que les lois d'un peuple qui se laisse emporter par le sentiment de sa liberté ; qui en pousse l'abus jusqu'à ne la respecter que dans ses citoyens, qui la viole en soumettant les femmes et les enfans à l'empire domestique le plus dur, qui l'arrache à tous les peuples de la terre qu'il asservit, qui la pose sur les priviléges prodigieux qu'il s'arroge par la conquête, qui la laisse réduire aux bornes que l'ordre prescrit, et qui enfin, séduit par les appas du luxe, l'échange pour une liberté effrénée, dont les suites lui deviennent aussi funestes que sa vertu rigide lui avoit été avantageuse? Qui n'avouera point que des lois qui ont été scellées par la liberté, et qui ont favorisé le développement de toute l'énergie d'un peuple, ont le mérite essentiel des lois, et qu'elles doivent être respectées par tout le genre humain comme la base de la force et de la félicité des empires?

Je vais, d'après les lumières que

j'ai acquises en cherchant les principes des lois particulières de notre monarchie et de la république romaine, indiquer les principes d'une bonne constitution. Ceux qui desirent d'en voir l'application, la trouveront dans un ouvrage qui va paroître, intitulé : *Principes des lois romaines comparés aux principes des lois françoises.*

On entend ordinairement par la constitution d'un empire, le résultat de l'activité des intérêts, qui, en agissant les uns sur les autres, se tiennent dans un équilibre plus ou moins parfait et plus ou moins durable. Elle ne doit ni se ralentir, ni passer les bornes qui lui sont prescrites. De bonnes lois peuvent seules la modérer, et elles ont toujours cet effet.

Les sociétés d'hommes doivent être réglés par la raison. On entend ici par ce mot, dont on a tant abusé, et dont on abuse encore tous les jours, une combinaison profonde qui s'opère dans l'esprit d'un ou de plusieurs individus, agités violemment par le desir de concilier leur intérêt particulier ou commun, avec les divers intérêts de ceux qui les environnent. Lorsque tous les intérêts sont libres, ils se combinent d'une manière qui satisfait tous les esprits, et le contentement général fait naître et entretient des mœurs douces. C'est alors le sentiment qui gouverne, mais son règne est court. Les intérêts se compliquent, la force et l'adresse prennent les rênes du gouvernement ; elles brisent les limites posées par la nature, et font des lois qui leur sont favorables. Cet ordre de choses subsiste jusqu'au moment où l'on peut s'appercevoir que la tranquillité et le bonheur ne peuvent renaître qu'avec la liberté des intérêts, et qu'elle seule peut ramener les mœurs anciennes. Les lois sortent alors de leur véritable source ; et comme elles n'ont fait qu'imprimer leur sanction à tous les droits réels de la société et des individus qui la composent, elles sont à jamais garanties par les volontés publique et particulière.

Si cette révolution desirable ne s'est point encore effectuée chez aucune nation, c'est qu'à leur naissance les peuples sont trop grossiers pour fixer parmi eux la liberté, et que dans leur vieillesse, les préjugés favorables aux abus obscurcissent leurs lumières naturelles. La conquête, érigée en domaine chez les peuples non-policés, prouve combien il est facile d'établir chez eux une bonne constitution ; car ce droit violent à l'égard des peuples vaincus, subiroit bientôt une modification conforme à leur caractère ; et plus le sentiment de la liberté est gravé dans leur ame, moins le législateur trouveroit de résistance pour faire régner l'harmonie entre leurs intérêts. Chez les peuples accoutumés aux abus, il faut que la philosophie prépare les esprits, et des raisonnemens ont toujours, jusqu'ici, été trop foibles pour lutter contre des usurpations autorisées par une longue jouissance. Cependant les privilégiés d'une nation généreuse, qui éprouve déja une partie des avantages de l'imprimerie, vont donner à l'univers le premier exemple d'un sacrifice judicieux de droits abusifs à l'intérêt général. Tout nous assure qu'ils ont senti la nécessité de concilier leur intérêt avec celui du peuple, et qu'ils contribueront de tout leur pouvoir à réintégrer la chose publique, qui ne peut subsister que par une juste proportion entre les charges qu'elle impose et les avantages qu'elle accorde.

Cette intelligence fera renaître l'ancienne constitution ; mais, plus éclairés que nos aïeux, nous la ferons reposer sur toutes nos lois privées, et nous prendrons toutes les mesures possibles pour que les rapports qui doivent les lier, ne soient jamais détruits par la violence. La constitution alors sera capable de résister au pouvoir le plus despotique, ou plutôt le pouvoir se trouvera dans l'heureuse impuissance de se nuire à lui-même ; content de son existence, il demeurera dans ses bornes, et livrera les lois au cours naturel de la justice, qui suivra les règles invariables que nous allons décrire en peu de mots.

Le premier principe de l'activité des intérêts, et par conséquent de la constitution, est la liberté de la personne et de la propriété. Cette liberté doit être établie sur une dépendance réciproque et égale de l'intérêt général et de tous les intérêts privés. Les lois privées doivent l'animer et l'exciter au bien public, en la laissant jouir de toutes les choses et de tous les avantages que la nature du gouvernement et le droit des gens permettent de lui abandonner; ainsi elles doivent resserrer le lien de la cité, sans détruire celui de l'humanité, qui doit être respecté par tout l'univers. De là naîtra le vrai patriotisme, qu'elles doivent bien prendre garde de détruire par des lois criminelles injustes. Pour que ces principes éternels des bons gouvernemens, une fois posés, ne se corrompent point, il faut, autant qu'il est possible, établir l'unité, mais il faut en même temps que les lois politiques les mettent à l'abri des moindres atteintes. Tous les citoyens et tous les pouvoirs y sont intéressés. Le prince doit avoir à cœur, plus encore que les citoyens, d'entretenir le concert qui doit régner entre tous les intérêts, puisque tous ses soins doivent avoir pour objet de les rapprocher, lorsque la discorde les désunit. Le pouvoir judiciaire n'est sûr de conserver son empire, qu'autant qu'il fait respecter tous les intérêts ; et comme ses actes, répétés habituellement, l'exposent à se nuire à lui-même, les lois doivent maintenir avec exactitude les peines décernées contre les infractions, et les faire retomber sur ceux qui en sont les auteurs. Les instituteurs ne doivent leur pouvoir qu'à l'opinion dans laquelle on est que leurs instructions impriment dans les esprits et dans les cœurs l'ordre établi, pour qu'ils ne le perdent point, les lois doivent empêcher qu'ils ne répandent sourdement des préjugés dangereux, qui seroient d'autant plus nuisibles, qu'il est difficile d'effacer de l'esprit et du cœur de l'homme les impressions qu'il a reçues dans l'âge tendre. Pour mettre le comble à ce bel ordre de choses établi sur l'expérience, il faudroit bannir des sciences essentielles à la tranquillité et au bonheur de la société, cette misticité orgueilleuse et intéressée, qui refuse l'accès du sanctuaire de la vérité, pour avoir le droit de l'obscurcir et de sacrifier à des erreurs qui lui sont utiles l'intérêt général, qui souffre de la moindre injure faite à l'intérêt particulier. Alors les lois, que le pédantisme a rendues hideuses, paroîtront avec leurs graces naturelles : leur noble simplicité attirera tous les regards; et tous les cœurs, pénétrés des bienfaits qu'elles répandent dans le sein de la société, voudront les y fixer.

Je vois déja une foule de préjugés s'élever contre cette entreprise, et tirer de ses difficultés la conséquence qu'elle est extravagante. Mais il me sera facile de repousser ce sarcasme. La science des lois ne consiste point à savoir tous les mots qui servent à les exprimer; on ne l'acquiert qu'en se pénétrant du véritable sens qu'ils ont. Il faut pour cela entrer dans l'esprit du législateur, et envisager, comme lui, tous les intérêts, lors même qu'il n'est question que de l'intérêt d'un seul; car, comme on le verra dans l'ouvrage que j'ai annoncé plus haut, toutes les lois ont un rapport direct avec l'intérêt général. Ainsi, pour posséder la science des lois, il faut sur-tout connoître leur mobile essentiel, ou, ce qui est la même chose, leurs principes, que tous les hommes, les femmes, et les enfans même peuvent concevoir. Qu'on y fasse bien attention : si les procès se compliquent, c'est parce que nos lois n'ayant point encore été présentées sous leurs rapports essentiels avec l'intérêt général, la plupart de ceux qui les instruisent, guidés par de simples notions, n'y apperçoivent que l'intérêt de leurs parties en opposition avec ceux de la partie adverse, et ne sont point frappés des erreurs nuisibles à l'intérêt général, qui seroient des moyens puissans. J'en ai un exemple frappant dans une affaire très-importante. L'erreur est palpable ; elle blesse un principe évident. Cependant des avocats renommés, et un tribunal du premier ordre, l'ont admise ; et elle étoit devenue une source de procédures interminables, qui n'auroient point eu lieu, si tout le monde étoit familiarisé avec les principes des lois.

Le rétablissement des Etats-généraux rend l'exécution du plan et du projet que je viens de proposer, indispensable : il faudra, pour qu'ils puissent statuer sur quelque chose, que les lois, ainsi que les règles de l'impôt, se rapportent aux mêmes principes, que ces principes soient clairs, et que les mille députés qui composeront cette assemblée, les connoissent; et lorsqu'éclairés par l'opinion publique, ils auront rassemblé un assez grand nombre de lumières sur tous les intérêts, pour les lier aux principes, et réformer les anciennes lois qui leur seront contraires, il est impossible que la régularité de cet ordre, dont toutes les lois et les moindres réglemens porteront l'empreinte, ne frappe point tous les yeux, et ne se grave point dans tous les esprits. D'ailleurs, la simple raison dit, que les lois doivent se comprendre facilement, et être connues de ceux qui doivent les suivre. Que d'avantages j'entrevois dans cette heureuse révolution pour la France, et même pour l'univers; car les lois d'un peuple aussi puissant que le peuple François, doivent avoir une influence morale très-remarquable sur le régime des nations. Toutes les lois qui gênent une juste liberté, seront abolies ; la régie sera préférée à la ferme ; l'impôt, perçu simplement et avec douceur, n'entretiendra plus la fainéantise et la friponnerie ; la dette publique sera consolidée ; la dépense sera proportionnée à la recette ; les économies subviendront aux besoins extraordinaires. Le retour périodique des Etats-généraux vivifiera la caisse nationale. La confiance renaîtra au dedans et au dehors, et ne nous laissera jamais dans la détresse ; la bonne foi s'établira dans le commerce des choses ; les lois le favoriseront, ainsi que celui de tous les sentimens que la nature et la reconnoissance peuvent inspirer ; tous les citoyens se regarderont comme les enfans d'une même mère ; les pouvoirs eux-mêmes réunis ne se feront plus la guerre, ils ne seront plus occupés qu'à maintenir cette précieuse harmonie ; et ce chef-d'œuvre de législation, garanti par toutes les forces morales et physiques de la France, deviendra pour elle le palladium inviolable de sa prospérité, et pour les princes appelés à la gouverner, un gage certain de l'amour et de la fidélité des François.

FIN.

www.ingramcontent.com/pod-product-compliance
Ingram Content Group UK Ltd.
Pitfield, Milton Keynes, MK11 3LW, UK
UKHW021152230726
13926UKWH00001B/60

9 782013 674850